LOCKE,

LÉGISLATEUR DE LA CAROLINE,

PAR M. ÉDOUARD LABOULAYE,
Professeur au collége de France, membre de l'Institut.

PARIS.

CHEZ DURAND, LIBRAIRE, RUE DES GRÈS, 3.

—

1850

EXTRAIT DE LA *REVUE DE LÉGISLATION ET DE JURISPRUDENCE.*
Livraison de Mars 1859.

Imprimerie de Renou et Cᵉ, rue Lemercier, 24. Batignolles.

LOCKE

LÉGISLATEUR DE LA CAROLINE [1].

Le dernier siècle a vu éclore par milliers ces Constitutions imaginées toutes d'une pièce, ou empruntées de pays voisins : ces Chartes avec lesquelles on devait, comme avec la baguette des fées, changer sans résistance, non-seulement les lois et les institutions, mais les mœurs, mais le caractère, mais le génie même des nations. Malgré les larmes et le sang qu'elle a coûté, cette erreur dure encore, et, le lendemain d'une révolution, le seul remède que nous connaissions aux maux de la veille c'est d'imposer au pays une constitution nouvelle, c'est de l'envelopper dans cette tunique de Nessus que bientôt, avec des souffrances infinies, il arrachera de son corps en lambeaux. En vain depuis un demi-siècle Burke, De Maistre, Ancillon, Savigny ont démontré jusqu'à satiété que ces gouvernements de papier sont nécessairement stériles quand ils ne sont pas malfaisants ; notre illusion dure encore, et nous courons avec la même ardeur au-devant de cette panacée universelle qui, depuis soixante ans, loin de guérir les maux dont nous nous plaignons, les a toujours aigris. Ce n'est point à l'impuissance du législateur, c'est à la faiblesse humaine que nous nous en prenons de la vanité de ces tentatives ; nous imaginant toujours, qu'avec un peu plus d'énergie, on forcerait la nation à entrer dans le moule spartiate, romain ou anglais qu'elle repousse invinciblement. On dirait que nous jugeons des Constitutions, non pas en politiques, mais en artistes : le plan, c'est pour nous l'édifice ; et il nous est impossible de croire que ces lignes si pompeusement tracées, ces articles si bien alignés, ce système si géométriquement disposé, soient nécessairement chimériques dans l'application. Un exemple pris à distance, le premier en date de ces essais, et en même temps le plus recommandable par le nom de son auteur, nous montrera peut-être le vice originel de ces prétentions. Au premier coup d'œil, la Constitution de la Caroline inventée par Locke paraîtra singulière et même ridicule, mais à l'examen on la trouvera tout aussi fortement conçue que les œuvres modernes, et on verra que si elle n'a point réussi, la faute en est, non pas à l'homme, mais au système. On échouera toujours quand, au lieu de faire des lois pour le peuple d'aujourd'hui, en étudiant ses besoins, en respectant ses idées, en ménageant même ses défauts, on imposera à la nation une utopie bonne pour un peuple imaginaire. La Caroline résista dès le premier jour à cette espèce de violence législative, et trop heureuse la France si, depuis un demi-siècle, elle avait eu la sagesse des premiers planteurs de la Caroline !

Le règne de Charles II ne fut pas moins célèbre par la faiblesse et l'indolence du roi que par l'avidité des courtisans. Mais parmi les objets qui pouvaient alors tenter l'avarice et l'ambition des gens de cour, il n'en était point de plus séduisant que les immenses domaines de l'Amérique, où l'on pouvait tout à la fois fonder des empires, et, au moyen de rentes seigneuriales, s'assurer dans l'avenir un énorme revenu. Aussi, dès les premiers jours de la Restauration, voyons-nous les concessions se multiplier. L'une des plus importantes fut celle du vaste territoire qui s'étend de la Virginie aux Florides. En l'année 1663, cette grande possession fut érigée en province, sous le nom de Caroline, et accordée à perpétuité et en toute propriété à huit personnes des plus puissantes dans le royaume et des plus influentes à la cour.

C'était Clarendon, l'historien de la Révolution, ministre habile malgré sa cupidité, détesté du peuple, mais toujours fidèle au roi; Monk, le général du Parlement, qui avait joué un si grand rôle dans l'affaire de la Restauration, et qu'on venait de créer duc d'Albemarle; lord Ashley Cooper, si célèbre dans l'histoire sous le nom de lord Shaftesbury; lord Craven, sir John Colleton, sir George Carteret et lord John Berkeley, ces deux derniers, propriétaires en même temps de la Nouvelle-Jersey; c'était enfin sir William Berkeley, qui pendant près de quarante années gouverna la Virginie.

La charte de concession était imitée de celle du Maryland. Les concessionnaires étaient créés lords propriétaires; en d'autres termes, souverains, sauf l'allégeance due à la couronne. Toutefois, on appelait les colons au partage de la puissance législative; les lois devaient être faites de concert avec les planteurs (*freemen*) ou leurs délégués. Pour tout le reste, le pouvoir suprême était entre les mains des propriétaires; c'est à eux qu'il appartenait de nommer les officiers publics, d'instituer les tribunaux, de faire la guerre, de proclamer la loi martiale, d'ouvrir des ports, d'ériger des manoirs, avec titres de noblesse; c'étaient eux qui profitaient des impôts établis du consentement des colons, sans préjudice des redevances dont ils frappaient les concessions, et qu'ils touchaient par droit de domaine plus que par droit de seigneurie.

Enfin, une clause spéciale, empruntée de la Charte libérale

de Rhode-Island, autorisait les propriétaires à user d'indul-
gence en matière religieuse, et à accorder des dispenses aux
non-conformistes. On avait en vue non-seulement d'atti-
rer ainsi dans la colonie des dissidents de toute nation,
mais encore de favoriser un certain nombre de colons de la
Nouvelle-Angleterre, qui, formant un premier noyau d'émi-
gration, s'étaient établis sur la rivière du cap Fear.

La concession obtenue, les propriétaires prirent immédiatement des mesures pour appeler les émigrants dans la
colonie. Ils accordèrent, à la poignée d'hommes qui s'é-
tablissait dans ces vastes solitudes, une charte telle que
l'exigeaient les besoins du moment. L'administration de la
colonie fut confiée à un gouverneur et à un conseil de six
membres, choisis parmi treize candidats présentés par les
planteurs; l'assemblée générale, composée du gouverneur,
du conseil et des représentants de la colonie, eut le pouvoir
législatif, et ses ordonnances furent déclarées valables, tant
que les propriétaires ne les auraient pas désapprouvées. On
promit la liberté de conscience la plus entière, et l'on offrit,
sur le pied d'un demi-penny de redevance par acre, une
concession de cent acres à tout émigrant qui, dans l'es-
pace de cinq ans, s'établirait dans la colonie.

Quelques émigrés de la Virginie, chassés de la province à
la suite de la rébellion du colonel Bacon, avaient formé au-
tour du Sund d'Albemarle un petit établissement dont la
surveillance fut confiée à sir William Berkeley, gouverneur
de la Virginie; ce fut le germe de la colonie du Nord; Berkeley
leur donna un gouverneur, un conseil, et les laissa nommer
une assemblée; en d'autres termes, et sans même parler
de la redevance prétendue par les propriétaires, il abandonna
complétement aux planteurs le soin de leurs propres affaires.
Cet abandon (l'expérience de l'Amérique le prouve) est loin

d'être la plus mauvaise condition pour une colonie naissante et dans un pays nouveau.

Vers la même époque, quelques planteurs des Barbades, désireux de fonder un établissement où ils fussent maîtres absolus, vinrent avec leurs noirs s'établir près du cap Fear, et commencèrent la colonisation du pays, qui fut plus tard la Caroline du Sud. Le gouvernement de ce nouveau territoire, qui fut nommé le comté de Clarendon, fut constitué comme celui du comté d'Albemarle, mais il en resta politiquement séparé; l'éloignement des deux établissements était si considérable, il y avait entre eux de telles solitudes, que ces deux points isolés demandaient nécessairement une administration distincte. Il y eut donc dès l'origine deux colonies, l'une au nord, l'autre au sud, ayant chacune son assemblée, son gouvernement et ses lois.

Pendant que dans le désert commençaient péniblement ces défrichements, ces plantations de quelques centaines d'émigrants perdus dans les forêts et les marais de la Caroline, les propriétaires, animés par la description du pays merveilleux qu'on leur avait donné, désireux de l'étendre encore, et d'en faire moins une concession territoriale qu'un véritable empire, obtinrent, en 1665, du prodigue Charles II, une concession nouvelle qui leur accordait ce qu'assurément ne possédaient ni le roi ni l'Angleterre. Au mépris des réclamations de la Virginie et des droits de l'Espagne, Charles II, avec une libéralité qui lui coûtait peu, donnait aux huit lords-propriétaires tout le pays compris entre le 28ᵉ et le 36ᵉ degré de latitude nord, et de l'Atlantique au Pacifique; en d'autres termes, il leur donnait ce qui compose aujourd'hui le territoire des deux Carolines, de la Géorgie, du Tennessée, de l'Alabama, du Mississipi, de la

Louisiane, de l'Arkansas, une partie considérable du Missouri et des Florides, presque tout le Texas, et une portion du Mexique. A se partager ce territoire immense, chacun des associés se fût fait un royaume considérable, royaume sans habitants il est vrai, et où n'existait qu'un germe de colonisation; mais l'état florissant des colonies voisines et la fertilité d'un pays si heureusement situé pouvaient permettre à toute ambition les espérances les plus hardies [1].

Cette charte obtenue, les vues de la compagnie s'agrandirent; on voulut donner à cet empire un gouvernement qui répondît à la fortune qu'on espérait pour lui dans un prochain avenir. Clarendon n'était plus en Angleterre; ce fut Ashley Cooper, comte de Shaftesbury, le plus actif et le plus intelligent des associés, qu'on chargea de rédiger pour l'État naissant une constitution parfaite, et qui durât au travers des siècles [2]. C'est là peut-être un des plus anciens exemples de cette erreur contagieuse que nous a transmise le dix-huitième siècle, et qui consiste à rêver des lois éternelles pour des rapports qui changent tous les jours.

Shaftesbury était à cette époque (en 1698) dans la pleine maturité de son génie; célèbre par son éloquence, son esprit, sa finesse, tout-puissant près du roi dont il avait servi le retour, et joignant à une grande capacité et à une grande fortune une ambition plus grande encore. C'était un de ces hommes comme il en paraît dans les temps de révolution, qui, au travers de tous les bouleversements de choses et d'idées, savent se maintenir à la tête du gouvernement ou de l'opinion ; de ces hommes comme M. de

---

[1] Bancroft, *History of the United States*, t. II, chap. XIII, p. 138.
[2] Bancroft, *loc. cit.*, p. 139.

Talleyrand, qui laissent leur parti au moment où ce parti se perd par ses fautes, et le lendemain de la chute de leurs amis rentrent au pouvoir avec l'opposition. Il ne manque pas d'historiens pour exalter l'esprit infini, les ressources incroyables de ces habiles politiques qui, dit-on, sont toujours demeurés fidèles à leurs idées. Pour moi, je l'avoue, je n'ai qu'une très-médiocre estime pour ces gens versatiles qui, ce me semble, ne restent fidèles qu'à leur ambition. Et quant à cette prescience qui leur révèle la ruine imminente de leur parti, elle me paraît d'autant moins admissible, que ce sont eux qui généralement décident cette chute dont ils doivent profiter. A cette classe de sceptiques en politique, trop nombreux malheureusement en des temps agités comme les nôtres, il manque des qualités qui ne viennent point de l'esprit, mais du cœur, j'entends cette probité politique, ce dévouement à la cause qu'on a embrassée, sans quoi il n'y a point de grand caractère, ni de renommée durable. Suivre un parti dans ses égarements, c'est folie; se tourner contre lui, c'est l'effet d'une lâche ambition; l'honneur a d'autres conditions. On peut avant le danger quitter son drapeau; mais on ne doit jamais le combattre sous des couleurs étrangères. Aussi, avec une grande intelligence, des talents véritables, et plus de courage que n'en ont ordinairement ces adorateurs de l'opinion et de la fortune, Shaftesbury, comme Talleyrand, a-t-il marqué dans l'histoire bien plus comme un intrigant de génie, que comme un homme d'Etat; et la Constitution de la Caroline est là pour prouver combien ces politiques, qui entendent si parfaitement leurs affaires, qui savent si bien tourner à leur profit les hommes et les choses, se méprennent souvent sur les conditions véritables du pays dont ils se disputent le gouvernement.

Du reste, ce ne fut pas Shaftesbury seul qui fit l'œuvre singulière que nous allons examiner ; le principal auteur, sous sa direction néanmoins, fut Locke, si célèbre plus tard par ses écrits, le père de la philosophie du dix-huitième siècle, l'apôtre de la tolérance religieuse, le politique qui, après la révolution de 1688, formula les principes des whigs en opposition au système tory de la légitimité et du droit divin ; l'homme enfin à qui Rousseau a emprunté les doctrines fondamentales du *Contrat social*.

Shaftesbury avait distingué à la première vue le mérite de Locke, et de son médecin il avait fait son commensal, son ami, son associé dans tous ses travaux politiques. Entre l'esprit pratique et positif du comte et l'esprit exact du médecin philosophe, il y avait des rapports suffisants pour expliquer l'amitié qui les unit jusqu'à la fin. Le mauvais succès de la révolution d'Angleterre, les excès du parti puritain avaient fait de tous deux des ennemis de la démocratie qu'ils regardaient comme dangereuse pour l'État, et impuissante à rien fonder de durable. Tous deux chérissant ce qu'à cette époque on nommait les principes anglais, considéraient l'aristocratie comme le seul rempart contre l'arbitraire et la tyrannie, que ces fléaux vinssent d'en haut ou qu'ils vinssent d'en bas. Locke regardait les priviléges de la noblesse comme la plus sûre garantie des libertés de l'Angleterre, et au travers de tous les changements de Shaftesbury, il est aisé de reconnaître en lui un goût décidé pour l'aristocratie, qu'il considérait comme la pierre angulaire de la Constitution.

Locke, ami sincère de la liberté, n'était rien moins qu'un républicain, comme Sidney, ou qu'un apôtre de l'humanité, comme le fondateur de la Pensylvanie ; ses idées étaient d'une nature plus positive, et il ne donnait rien à l'enthousiasme. Pour lui, la société est purement et simplement un contrat, et la fin de ce contrat, le but des lois par conséquent, c'est de garantir la liberté et la propriété. La conservation de la liberté et de la propriété, tel est l'intérêt qui force les hommes à renoncer à l'état de nature, telle est la cause même de la société, la source du gouvernement[1]. D'où cette conséquence rigoureuse, que dans le gouvernement, la représentation doit être proportionnelle à la propriété, et que les grands propriétaires, les grandes familles, qui tiennent le sol héréditairement, ont dans le pays un intérêt propre et distinct, en quelque façon, de l'intérêt du reste de la communauté.

Admettez le principe de Locke, et la Constitution anglaise est parfaite ; aucune autre ne donne des garanties aussi sérieuses à la liberté, et ne fait une part aussi grande à la propriété ; c'est une représentation exacte de la propriété territoriale (et au dix-septième siècle, c'était la seule qui eût une valeur considérable). Admettez encore que la concentration du sol dans un petit nombre de mains et son immutabilité soient des faits naturels ou indifférents, la politique de Locke est irréprochable. Mais si la fin de la société n'est pas là, s'il y a dans l'État quelque autre intérêt que celui des propriétaires, si le citoyen a des droits, et des droits autres que la liberté, par cela seul qu'il est homme et citoyen, vous voyez que ce système est chimérique. Loin d'être une loi pour l'humanité, ce n'est pas même une description complète des phénomènes politiques qui se manifestent dans un petit coin du monde.

Cette critique anticipée de la théorie de Locke fera pres-

---

[1] DU GOUVERNEMENT CIVIL, chap. VIII, *Des fins de la société et du gouvernement politique*, p. 169 et suiv. de l'édition d'Amsterdam, 1755.

sentir les défauts de la Constitution que le philosophe proposa pour la Caroline; car Locke, comme tous les constituants qui vinrent après lui, ne fit que reproduire un modèle antérieur, et ce qu'il prenait pour le fruit de son imagination n'était qu'un souvenir; seulement ce ne fut point l'organisation de Sparte ou de Rome qu'il essaya de reproduire, ce fut l'organisation anglaise; ce fut un gouvernement où tous les pouvoirs reposaient sur la propriété. De ce point de vue, du reste, et comme étude philosophique de la Constitution anglaise à la fin du dix-septième siècle, le projet de Locke est tout à fait digne d'attention.

Entrons donc dans le détail de cette Constitution, inspirée, suivant le préambule, *par la crainte de constituer une trop nombreuse démocratie*, et, en même temps, par le désir *de satisfaire à l'intérêt des propriétaires et d'instituer un gouvernement agréable à la monarchie*[1]. Nous comparerons ensuite ce qu'inventa le génie réuni d'un politique habile et d'un grand philosophe, avec l'organisation des autres provinces d'Amérique, produit naturel des désirs et des besoins de ces planteurs, qui n'analysaient point leurs idées aussi bien que Locke pouvait le faire, mais qui sentaient infiniment mieux ce qui convenait à leur situation, et qui n'imaginaient point d'enfermer dans des combinaisons artificielles et mécaniques l'activité d'un peuple vivant[2].

Les propriétaires, comme souverains de la colonie, constituaient une corporation close de huit personnes; leur nombre ne devait jamais augmenter ni diminuer, et après

---

[1] Story, *Commentaries on the constitut.*, I, 120.

[2] N'ayant pu me procurer l'original de cette Constitution, j'ai suivi, en complétant l'un par l'autre, Bancroft, Story, Hildreth (*History of the United States*, New-Yorck, 1850, t. II, p. 29 et suiv.), et les *Recherches sur les États-Unis*, par un citoyen de Virginie, Paris, 1788, t. I, p. 89 et suiv. Il n'y a, du reste, aucun désaccord entre ces différents auteurs.

le siècle expiré (époque à laquelle on supposait que la colonie serait établie et peuplée), la dignité et la puissance des propriétaires devenaient inaliénables et substituées dans leur famille comme la couronne même d'Angleterre. A défaut d'héritier, les survivants nommaient un successeur, pris dans l'ordre des landgraves, dont nous parlerons tout à l'heure. Ainsi était constitué un grand Conseil, une diète héréditaire de *starostes*. Le plus âgé des propriétaires prenait le nom de Palatin, et, à sa mort, devait être remplacé par le plus âgé des survivants; c'était le chef de l'Etat; mais à côté de lui chacun des autres propriétaires tenait un office comme les électeurs d'Allemagne, et les règles de préséance n'étaient pas moins scrupuleusement fixées pour le futur Etat de Caroline que pour le vieil Empire germanique. L'un des propriétaires était l'amiral, l'autre le chambellan, un troisième le chancelier, un quatrième le connétable, le cinquième était grand-juge, le sixième grand-maître (*high steward*), et le dernier trésorier.

Après avoir déterminé les dignités de ces souverains, Locke fixait leur apanage. La Caroline était divisée méthodiquement en comtés; chaque comté devait comprendre 480,000 acres; le comté se divisait à son tour en quarante portions de 12,000 acres chacune; huit de ces divisions se nommaient *seigneuries*, huit autres *baronnies*, les vingt-quatre dernières se nommaient *colonies*. Les seigneuries étaient attribuées à chacun des huit propriétaires, qui possédaient ainsi en propriété privée et inaliénable le cinquième de l'Etat. C'était une part suffisante pour leur assurer à jamais une influence politique sans partage.

On devait créer dans chaque comté un LANDGRAVE ou comte, et deux CACIQUES ou barons, et c'est entre eux qu'on partageait les huit baronnies. Quatre appartenaient au landgrave, deux à chacun des caciques. Le nombre de trois nobles pour chaque comté devait rester immuable; pendant le siècle courant, il était permis de vendre ensemble les terres et les dignités qui y étaient attachées; mais le siècle expiré, l'aliénation était interdite. A défaut d'héritiers, c'était aux propriétaires que revenait le droit de nommer aux domaines et aux titres vacants.

Quant aux vingt-quatre colonies de chaque comté, elles devaient être partagées entre francs tenanciers; mais le propriétaire d'une portion du sol équivalant au moins à un quart de colonie, c'est-à-dire le propriétaire de trois mille acres, pouvait faire ériger son domaine en manoir, et, dès lors, il était à jamais indivisible. C'était un fief.

Au-dessous de cette hiérarchie féodale, il fallait ménager la place du peuple, sur qui devait porter le fardeau de la mise en culture de ces vastes domaines. Locke y avait pourvu, en établissant que les seigneuries, baronnies et manoirs, divisés pour l'exploitation en fermes de dix acres, seraient cultivés par une race de tenanciers héréditaires (*leetmen*), attachés à la glèbe, et payant comme rente un huitième du produit.

Sur ces tenanciers, dont l'Etat n'avait point à s'occuper, les seigneurs avaient, dans leur cour de manoir, pleine justice civile et criminelle, sans appel. C'était, pour les vilains comme pour les seigneurs, le régime féodal dans toute sa pureté.

Tel était le gouvernement, ou plutôt telle était la société qu'un sage composait de toutes pièces à l'avance, pour un pays où une poignée d'hommes, tous égaux par le travail, défrichaient péniblement, et à la sueur de leur corps, cette terre qu'un philosophe vouait, du fond de son cabinet, à une perpétuelle inégalité, à un servage éternel.

Pendant que Locke disposait, de façon aussi sommaire, de la grande majorité des citoyens de son Etat, il établissait un système de gouvernement des plus compliqués, au profit d'un petit nombre de nobles et de grands propriétaires.

Sans parler de la cour des lords propriétaires, investie du suprême pouvoir exécutif et présidée par le palatin, il y avait, pour l'administration de l'État, sept autres cours, présidées chacune par l'un des propriétaires, assisté de six conseillers à vie, dont quatre au moins étaient nobles.

A l'amiral et à sa cour appartenait la connaissance de la navigation et du commerce ; au chambellan, celle des généalogies, des fêtes, des jeux, des cérémonies publiques ; au chancelier, les affaires d'Etat et la police de la presse ; au connétable, la guerre ; au grand-juge, les matières judiciaires ; au grand-maitre, les travaux publics ; au trésorier, les finances. C'était, en quelque façon, sept ministres héréditaires, et ayant la propriété de leurs fonctions.

Toutes ces cours réunies composaient un grand conseil de cinquante membres, chargé de la préparation des lois à présenter au Parlement.

Le parlement (c'est le nom ambitieux que Locke donnait à sa législature ; dans les autres colonies, on se contentait du titre plus modeste d'*Assemblée* ou de *Cour générale*), le Parlement se composait de quatre Etats : lords-propriétaires, landgraves, caciques et communes ; dans les trois premiers, chaque membre siégeait en vertu de son droit personnel (les propriétaires seuls ayant le droit de se faire représenter par des députés) ; le dernier était composé des représentants des communes. Il y en avait quatre par chaque comté ; mais il fallait posséder au moins cinq cents acres de terre pour être éligible, et cinquante pour être électeur.

La durée du Parlement était de deux ans, c'était la satis-

l'action d'un désir souvent exprimé en Angleterre par l'opinion libérale, désir qui aujourd'hui subsiste encore dans
toute sa vivacité. Enfin, à l'exemple de l'ancien parlement
écossais, les quatre États se réunissaient en une même
chambre, où chaque représentant avait un vote égal.

Il est assurément difficile d'imaginer une organisation où
l'aristocratie fût plus puissante et la voix du peuple moins
entendue. Cependant, et quoiqu'il fût impossible que
la majorité d'une pareille assemblée ne fût pas toute
dévouée au parti de la noblesse, trois mesures, reproduites
en partie dans les chartes modernes, avaient pour but de
donner à l'intérêt foncier un surcroît de garantie.

L'initiative appartenait au grand Conseil ; le Parlement
ne l'avait pas. Il en était ainsi dans la Charte de 1814. C'é-
tait (on le croyait du moins en 1814, comme en 1668) un
moyen énergique de défendre le pouvoir exécutif contre les
entreprises de la législature ; mais l'expérience a prouvé
qu'il avait ce grand défaut de soulever l'opinion contre la
royauté, en la représentant comme l'ennemie des améliora-
tions populaires, alors même qu'elle se refusait à présenter
des propositions téméraires et insoutenables. Dans un gouvernement représentatif, c'est à la discussion publique, et non
pas à la sagesse d'un homme qu'il appartient de faire justice
de toutes ces théories sans consistance qu'un jour voit naître et mourir. Comprimer ces vaines fumées, c'est en faire
un danger. Les jeter au grand jour de la discussion, c'est
le moyen prompt et sûr de les dissiper.

Une autre mesure plus acceptable et plus forte peut-
être assurait le droit des lords-propriétaires. La Constitution leur réservait le droit de *veto* sur tous les actes du
Parlement ; et pour éviter toute surprise, pour prévenir le
mauvais effet de la négligence, il était dit que les lois

votées par le Parlement cesseraient d'exister après deux ans, si, dans cet intervalle, elles n'avaient été ratifiées par le palatin, assisté d'un comité des propriétaires.

Enfin, et comme si ce n'était point assez de tant d'épreuves pour les lois nouvelles, chacun des quatre Etats avait droit d'interposer son *veto* dans le cas où il considérait la loi proposée comme inconstitutionnelle ; c'était le règne de l'immobilité.

A côté de cette singulière organisation de pouvoirs, que nous jugerons dans un instant, il y avait quelques dispositions particulières par lesquelles Locke donnait un corps à certaines idées vagues d'amélioration, qui, plus tard, ont été reproduites en d'autres pays, avec la même inefficacité ; et, si j'ose le dire, il satisfaisait en même temps certaines rancunes naturelles aux philosophes à l'endroit des jurisconsultes, et que ceux-ci, à leur tour, leur gardent bien, surtout en fait de politique.

Ainsi l'Europe souffrait de la multiplicité des commentaires légaux, de l'encombrement de la jurisprudence, dont Justinien se plaignait aussi de son temps : le législateur de la Caroline défendait d'écrire un commentaire sur les constitutions, les lois ou les coutumes [1]. Vous vous rappelez le cri de Napoléon à la vue du premier commentaire écrit sur le Code : *Mon Code est perdu !* C'était la même illusion que celle de Locke, le même rêve d'une loi immuable ; comme si l'homme n'était pas variable, comme si les rapports qui unissent les hommes entre eux ne se modifiaient pas sans cesse, et de façon insensible ; comme si la loi, comme si la jurisprudence, expression de ces rapports, ne devaient pas

[1] Dans le *Gouvernement de Pologne*, Rousseau exprime les mêmes idées.

nécessairement et insensiblement suivre toutes ces modifi-
cations.

Ainsi encore (et cette disposition prêtait moins à la
critique) l'Europe , et particulièrement l'Angleterre, souf-
fraient de ces lois innombrables, de ces coutumes vieil-
lies, que souvent la royauté exhumait de leur obscurité, pour
gêner la liberté des personnes ou des transactions : Locke
déclarait que tout statut perdrait sa force un siècle après
promulgation.

Une autre disposition, un peu ingénue pour un philosophe qui fondait sa société sur la propriété , déclarait que
c'était *chose basse et vile que de plaider pour de l'argent ou
pour un salaire;* Locke ne voulait pas d'avocat, mais des
patrons et des clients. Un siècle plus tard, Rousseau, le
fidèle disciple de Locke, exprimait le même vœu dans son
gouvernement de Pologne[1]. *Cet état si respectable en lui-
même,* disait-il, *se dégrade et s'avilit sitôt qu'il devient un mé-
tier.* C'est toujours la même illusion : ce sont les procès, et
non les avocats qu'il faut supprimer. Tant qu'il y aura des
plaideurs, le plus sûr, pour la justice et la république, sera
de laisser vivre les avocats, mal nécessaire , si l'on veut,
comme les médecins, mais qu'on ne peut extirper, sans
causer aux citoyens et à l'Etat un mal infiniment plus grand.
Le but en politique (les philosophes l'oublient trop souvent),
c'est le mieux relatif, ce n'est pas la perfection absolue.

Une mesure fort sage, et qui devançait le siècle, établissait la publicité pour tous les faits, tous les actes des citoyens qui intéressent le public; il devait y avoir dans
chaque seigneurie des registres pour les naissances, les

---

[1] *Gouvernement de Pologne*, à la suite du *Contrat social*, édition de Paris,
1792, p. 333.

mariages, les décès, les transmissions et les obligations de propriété.

Le gouvernement des villes était modelé sur les libres municipalités d'Angleterre. L'administration de la cité future était remise à un maire, secondé par douze aldermen et un conseil de vingt-quatre membres. C'était beaucoup pour des villages qui de longtemps ne comptèrent une centaine d'habitants.

Je remarque encore dans l'organisation du jury un principe que nous avons adopté, mais qui est contraire à l'esprit de la loi anglaise, et qu'elle a toujours repoussé: c'était la majorité qui faisait le jugement. En Angleterre, où, à la différence de notre pays, la loi se préoccupe plus de l'intérêt de l'accusé que de l'intérêt de la société, car il a plus besoin de protection, pour la condamnation il faut l'unanimité du jury. On tient qu'en matière politique surtout, la liberté est en danger si la majorité peut prononcer l'arrêt, et qu'en présence d'un pouvoir qui peut séduire ou menacer, c'est d'une faible minorité seulement qu'on peut attendre l'indépendance et la fermeté. Les Américains, aussi jaloux de la liberté politique que les Anglais, ont conservé ce principe qui, je l'avoue, me semble prêter à la discussion, et qui d'ailleurs conclut plutôt à une majorité considérable qu'à l'unanimité.

Enfin, la Charte promettait la liberté de religion à tous, *juifs, païens, ou dissidents* [1]; mais (et Locke n'était pas blâmable en ce point, car c'est malgré lui qu'on avait refusé l'égalité des cultes) ce n'était que de la tolérance. L'Eglise établie était déclarée seule nationale et orthodoxe, et seule devait être entretenue par la colonie au moyen de conces-

[1] Bancroft, II, 117.

sions faites par le Parlement. Quant aux autres congrégations, elles avaient la liberté de taxer leurs membres pour le soutien du ministère, mais l'Etat ne venait point à leur secours.

Du reste, cette tolérance de l'Etat n'était rien moins que l'indifférence. A dix-sept ans, tout habitant devait déclarer à quelle communion il appartenait, et se faire inscrire dans son église ; autrement il ne pouvait invoquer la protection des lois. On n'était citoyen de la Caroline qu'en reconnaissant qu'il y a un Dieu, et que Dieu doit être honoré publiquement.

Dans cette disposition, on reconnait l'œuvre d'un homme tel que Locke, véritablement pieux, et qui avait pris l'Ecriture pour règle de sa vie, mais l'Ecriture librement interprétée ; car c'était une maxime qu'il répétait souvent : qu'au jour du jugement, Dieu ne lui demanderait pas s'il avait suivi Luther ou Calvin, mais s'il avait aimé et cherché la vérité. Il voulait de la liberté, non pas comme un moyen de s'affranchir de toute religion (l'athée était un monstre pour lui), mais au contraire comme un moyen de ramener l'homme à Dieu, en ouvrant toutes les voies à la sensibilité et à la raison.

Telle fut la Constitution qu'imaginèrent Locke et Shaftesbury. Comme le nom des auteurs n'est point mis en tête de la loi, quelques historiens, des Américains surtout, ont prétendu qu'il était impossible d'attribuer à un si grand philosophe cette œuvre qui reproduit, en les exagérant, toutes les injustices de la féodalité ; mais tout en reconnaissant que certaines maximes de liberté politique et surtout religieuse, que Locke a défendues dans ses écrits, ne reçoivent qu'une satisfaction incomplète dans la Constitution de la Caroline ; tout en faisant la part des circonstances et des influences extérieures, il faut bien reconnaitre que dans ses lignes générales la Charte de la Caroline est en harmonie parfaite avec les théories politiques de Locke, et qu'elle a, dans le traité *Du gouvernement civil*, son commentaire naturel.

Si l'on en croit M. Bancroft[1], Locke, dans sa vieillesse, conservait encore, comme un monument de sa gloire, le souvenir de ses labeurs législatifs, et ses admirateurs, le mettant bien au-dessus de Penn, *le quaker-roi*, son contemporain et son rival, le comparaient à ces anciens philosophes, à ces premiers législateurs, à qui le monde éleva des statues. La Constitution, signée en mars 1670, fut accueillie en Angleterre par des acclamations universelles. On ne l'appela que le GRAND MODÈLE. « Les empires, disait un admirateur « de Shaftesbury, se disputeront la gloire de se soumettre au « noble gouvernement qu'une profonde sagesse a préparé « pour la Caroline. » Quant aux propriétaires, qui devaient bientôt récompenser Locke, en le nommant landgrave, ils étaient convaincus qu'en scellant ce grand acte, ils attachaient leur nom à une œuvre sainte, inaltérable, et qui, selon leurs propres paroles, *devait durer à jamais*[2].

La Constitution adoptée, les propriétaires songèrent immédiatement à organiser le gouvernement, et Monck, le duc d'Albemarle, fut, comme le plus âgé, nommé palatin; jusque-là tout était facile; mais à l'arrivée de la Charte en Amérique, quand on voulut appliquer cette grande et complexe organisation à la simple société de quelques cultivateurs, on s'aperçut bientôt que les faits démentaient la théorie et la condamnaient sans retour. Où trouver en effet la

[1] Tome II, p. 150.
[2] Bancroft, II, 151.

cour d'un palatin, les manoirs d'un landgrave et d'un caci-
que dans cette vaste forêt qu'on nommait la Caroline, pays
sans villes, sans villages, où quelques émigrants avaient
dispersé leurs cabanes de bois, où l'on ne connaissait d'autres routes que le chemin d'une plantation à l'autre, chemin
non point même tracé, mais indiqué par des entailles faites
aux arbres, de distance en distance? Les colons du Nord
comme les colons du Sud rejetèrent unanimement cette
Constitution impraticable, dans laquelle on ne tenait compte
ni de leurs besoins, ni de leurs idées, ni de leurs droits.
Maîtres du sol qu'ils avaient défriché et mis en valeur, ils
ne voulurent d'autre gouvernement que celui qu'on leur
avait offert à l'origine, un gouvernement semblable à celui
des autres colonies, où toute distinction de naissance était
inconnue, où chacun avait un droit égal à la terre et au
vote, où toutes les affaires se traitaient par l'assemblée qui
représentait la colonie. Après vingt-trois ans de luttes et de
mécontentements perpétuels, les propriétaires, cédant à la
demande expresse des planteurs, abrogèrent une Constitution impossible et dont l'application incomplète avait été
aussi désastreuse pour eux que pour la colonie.

« Peut-être, dit l'excellent et profond jurisconsulte Story,
« peut-être dans les annales du monde ne trouverait-on pas
« un plus salutaire exemple de la parfaite folie de tous ces
« essais, qui ont pour but d'organiser les formes d'un gou-
« vernement suivant de pures théories ; peut-être ne trou-
« verait-on pas une preuve plus sensible du danger de ces
« lois faites sans consulter les habitudes, les mœurs, les
« sentiments, les opinions du peuple qu'elles doivent régir[1].
Rien de plus judicieux que cette observation, mais bien

---

[1] Story, Commentaires, t. 1, p. 123

des gens peut-être n'en comprendront pas toute la généralité. Du mauvais succès du *grand modèle*, de l'erreur de Locke, on ne conclura pas à l'impuissance radicale de toutes les législations *à priori*. Considérons de plus près la tentative du philosophe anglais, et probablement, en estimant davantage l'homme et son œuvre, nous comprendrons mieux pourquoi tous deux devaient fatalement échouer, comme échoueront tous les essais semblables.

Pourquoi la Constitution de Locke n'a-t-elle pas réussi, et pourquoi devait-elle nécessairement ne pas réussir?

Est-ce que l'homme qui l'a rédigée était inhabile? Non sans doute; c'était un philosophe des plus judicieux, et qui ne donnait rien à l'imagination; c'était un esprit réfléchi, qui dans un temps de révolution, quand les bases mêmes de la société étaient mises à nu, avait profondément médité sur la nature et les conditions du gouvernement; c'était enfin un écrivain politique dont les doctrines, sanctionnées par la révolution de 1688, furent adoptées avec la plus grande faveur par l'Amérique du Nord tout entière, quand elle se sépara de la métropole; et ces doctrines, remaniées par Rousseau, sont au fond de toutes les Constitutions politiques que nos assemblées ont élaborées depuis soixante ans. En politique, comme en philosophie, il n'est pas un homme qui ait exercé sur le dix-huitième siècle une influence comparable à celle de Locke.

Si cet homme n'était point inhabile, si c'était au contraire un génie remarquable, ne faut-il pas au moins admettre qu'en ce point il s'est trompé? Comment? Est-ce en rédigeant une constitution impossible? Mais cette Constitution n'était rien moins que chimérique, car ce n'est pas autre chose que celle même de l'Angleterre; un homme aussi positif que Shaftesbury, un esprit aussi sûr que Locke ne s'amusaient point à refaire l'utopie d'un Thomas Morus ; ils prenaient, en le perfectionnant, le gouvernement même qu'ils avaient sous les yeux, l'empire dont tous deux dirigeaient la politique.

Ne nous effrayons point de cette érudition puérile qui entasse pêle-mêle les palatins, les starostes, les landgraves, les caciques, les seigneurs de manoir ; allons au fond des choses, qu'y voyons-nous ? Une royauté de huit personnes, la noblesse, la *gentry*, les paysans, quatre classes qui existaient distinctement en Angleterre, et qu'on retrouve encore aujourd'hui. Locke n'avait rien inventé, il avait observé, analysé, compris. Comme étude politique, son œuvre est parfaite, c'est l'Angleterre prise sur le vif. Comme conception théorique, elle est irréprochable ; tout s'y tient, tout est calculé pour le but qu'il se propose ; c'est l'organisation aristocratique la plus forte, la plus serrée qu'on puisse imaginer.

Ainsi donc, Locke et Shaftesbury avaient mis en œuvre, pour leur Constitution, tout ce que peuvent donner d'ingénieuses combinaisons, la prudence humaine, un esprit supérieur, l'habitude des affaires ; et cependant on sent bien que ce projet n'est qu'un jeu d'imagination sans vie, sans réalité, qui ne devait pas, qui ne pouvait pas réussir. C'est que cette législation, empruntée d'une société aristocratique et féodale, ne pouvait pas convenir à une société où les personnes et les terres étaient dans des conditions bien autres qu'en Angleterre ; c'est qu'en Amérique, l'égalité absolue, l'égalité des hommes et des choses sortait pour ainsi dire du sol.

Il y a là un principe, une règle fondamentale de la science politique, que Locke a complétement méconnue, et qui, dès le premier jour, a rendu son œuvre inutile et dangereuse ;

ce principe, c'est que les lois ne sont point une abstraction philosophique, un idéal, mais bien l'expression des rapports existants. En d'autres termes, les lois et surtout les constitutions sont faites, non pour l'humanité, mais pour certaines agrégations d'hommes, vivant dans un temps et dans un milieu déterminés; c'est pour ces sociétés particulières qu'il faut faire des lois diverses comme elles, et c'est une singulière méprise que de commencer par une règle théorique, comme si les hommes étaient faits pour les lois, et non pas les lois pour les hommes.

On ne crée point de lois ; on ne crée point de constitutions. C'est là une vérité que je ne puis me lasser de répéter, car elle renferme toute la politique et toute la science du législateur. Les lois ne sont, ne doivent être que la consécration de rapports sociaux qui s'établissent d'eux-mêmes et par mille causes diverses; ces rapports, la législation peut sans doute les modifier lentement, indirectement; mais croire qu'on les fait naître ou qu'on les supprime en un jour avec quelques lignes jetées sur le papier, c'est une folie qui serait ridicule si depuis un demi-siècle elle ne nous avait pas coûté si cher!

Pour ne pas sortir du cercle d'idées que Locke poursuivait, croit-on qu'on peut supprimer par deux mots de loi une aristocratie telle que celle d'Angleterre? La Révolution y échoua, et de nouveaux puritains supprimeraient demain la Chambre des lords, qu'à moins d'échafauds et de confiscations, il faudrait compter comme aujourd'hui avec cette noblesse, qui est maîtresse du sol; c'est là une force vive que l'on rencontrerait à chaque pas, et à laquelle, de façon ou d'autre, dans la commune ou dans l'État, il faudrait faire une part d'influence égale à celle qu'elle possède aujourd'hui.

Sans doute on peut, par de longs efforts, détruire l'aristocratie en lui ôtant la possession exclusive de ce sol, de cette richesse héréditaire qui fait sa puissance. Nos lois ont déraciné la noblesse ; non pas ces lois de proscription qui ont décapité tant de victimes dont la naissance était le seul crime, non pas même ces lois de confiscation qui n'auraient fait que changer les propriétaires sans détruire la grande propriété, mais ces lois qui, sans tremper dans le sang, ont supprimé les majorats et les substitutions, réduit la toute-puissance testamentaire, établi l'égalité entre les enfants, amené en deux mots la division de la propriété, la multiplication des propriétaires, et, comme conséquence forcée, la disparition de la noblesse et l'avénement de la démocratie.

Si par une loi on ne peut détruire l'aristocratie, comment par une loi pourrait-on l'établir? C'est là l'erreur de Locke ; ce fut là également une des illusions de la Charte de 1814, quand dans un pays si profondément nivelé par la Révolution, elle institua une pairie héréditaire, croyant donner à la royauté dans ce fragile appui le solide rempart de la toute-puissante aristocratie d'Angleterre. Pour transformer la pairie française en aristocratie, il eût fallu, comme le rêva un instant Charles X, ranimer, faire sortir du tombeau l'ancienne société française; concentrer la terre entre les mains d'un petit nombre de privilégiés, au moyen du droit d'ainesse, et l'immobiliser par des substitutions. Mais qui ne sent que remonter ainsi le courant démocratique était un rêve impossible, et que toutes ces vaines tentatives devaient précipiter la ruine de cette institution sans force et sans vie!

Etablir une seconde Chambre était une idée vraiment politique ; la division du pouvoir législatif (l'exemple des trente Etats de l'Amérique est là pour l'attester) est une des conditions essentielles au maintien de la liberté ; c'est la seule garantie contre l'usurpation ou la tyrannie du Parlement, la seule manière de maintenir la législature dans le respect de la Constitution et du pays ; c'est aussi le seul moyen connu de tempérer la démocratie et de l'empêcher de se perdre par l'entrainement ou la mobilité de ses passions. Mais l'hérédité n'est nullement une condition nécessaire d'existence pour une seconde Chambre, quand les mœurs ne la demandent pas ; une Chambre de législateurs héréditaires, dans la France de 1815, c'était, comme les landgraves et les caciques de la Caroline, l'importation d'une institution anglaise sur une terre aussi démocratique que celle de l'Amérique, et qui, elle aussi, rejetait l'inégalité.

Comparons maintenant la Constitution que Locke imagina pour la Caroline, avec celles qui s'établirent pour ainsi dire d'elles-mêmes dans les colonies d'Amérique, et nous verrons de suite quelle est la différence d'une loi produit naturel des circonstances, et d'un système artificiel. Dans toutes les colonies nous trouvons une organisation essentiellement pareille, un gouverneur dépositaire du pouvoir exécutif, un Conseil ou chambre supérieure, mêlé tout à la fois à l'administration et à la législation, enfin une assemblée nommée par le suffrage universel des planteurs. C'est la Constitution de la métropole, mais débarrassée des priviléges de l'aristocratie et du clergé, car la noblesse et l'église d'Angleterre n'ont pas émigré avec les nouveaux colons ; c'est en même temps un régime simple, naturel, d'une application facile, et qui se prête si bien à la satisfaction de tous les besoins nationaux, qu'aujourd'hui encore, après deux siècles, il subsiste tout entier sous des noms peu différents. Rien de forcé, point de combinaisons étranges, point de castes, point de privi-léges ; mais que de vérités politiques découvertes par l'expérience et passées en règles de gouvernement! L'unité du pouvoir exécutif et son tempérament par un conseil qui a une certaine part dans l'administration, la division du pouvoir législatif, le droit égal de tous à la représentation; que de principes que nous ne possédons pas tous encore, et que Locke a complétement méconnus!

Comprend-on maintenant pourquoi un gouvernement, produit naturel de la vie nationale, tel que celui de l'Angleterre ou de l'Amérique; un gouvernement qu'on n'improvise pas, mais qui s'établit de soi-même, et se modifie peu à peu suivant le sentiment populaire, est infiniment supérieur à toutes ces formes abstraites qu'un législateur, qu'une assemblée impose aux nations? Quand on est sans expérience, on s'imagine aisément qu'il serait beaucoup mieux qu'un esprit supérieur, un Solon ou un Lycurgue inspiré, poussât le genre humain vers des destinées nouvelles. C'est là l'erreur constante des utopistes, qui restent toujours jeunes. Mais les faits inexorables prouvent que cette volonté individuelle à laquelle on soumet un pays, étant nécessairement incomplète, est forcément tyrannique.

On ne fait pas une nation à l'image d'un homme, et le législateur qui s'entête à cette œuvre chimérique n'arrive, malgré tout, qu'à l'impuissance et à la déception. L'histoire de la Révolution porte en caractères sanglants cette incontestable vérité. Ce n'est pas, remarquons-le bien, qu'un homme, qu'une assemblée, plus éclairée que le gros de la nation, ne puisse imaginer des institutions théoriquement plus parfaites que celles qui existent; mais ce ne sont jamais celles que comportent le degré de civilisation, de faiblesse, les préjugés mêmes du pays. Vous me présentez un vêtement magnifique, mais qui me gêne et n'est pas fait pour moi; il me faut violemment renoncer à mes idées, à mes sentiments, pour adopter les vôtres, qui peut-être valent moins, et qui, dans tous les cas, me sont étrangers. Exiger d'un peuple qu'il change sa vie au gré des législateurs (et depuis soixante ans combien de fois la France eût-elle cessé d'être elle-même!) c'est tout à la fois une folle prétention, et la plus insupportable, la plus insolente tyrannie, celle qui, malheureusement, est la plus commune aujourd'hui. Nous ne sommes plus, comme les vilains d'autrefois, une race corvéable et qu'on taille à volonté, quoiqu'on en use fort largement en ce point; mais une race qu'on réglemente, qu'on gouverne, qu'on constitue à merci et miséricorde, et non point selon ce qu'elle veut, mais suivant des théories qu'imaginent les personnages importants que la confiance des électeurs a mis au pouvoir. Du jour où ils sont nos mandataires, ce sont leurs volontés et leurs idées qu'ils nous imposent.

Ce n'est pas là le gouvernement républicain d'Amérique; là-bas, on essaye d'éclairer la volonté populaire et de la diriger, mais cette volonté on l'accepte, et on ne prétend pas, au nom de la raison, au nom d'un but suprême, imposer au peuple une loi, une organisation qui fait violence à toutes ses habitudes, et rompt brusquement avec le passé. Nos législateurs sont tous plus ou moins disciples de Locke; ils ont beaucoup à désapprendre avant d'être de véritables représentants du peuple, dans une république : et cependant, plus modestes dans leurs prétentions législatives, leurs fonctions seraient plus faciles; et nous pauvre foule, âmes viles, nous payerions moins cher les expériences de nos magnifiques souverains !

Où donc trouver le modèle du véritable législateur? l'Amérique nous l'offrira dans le fondateur de la Pensylvanie. Comparons Penn avec Locke [1]; au premier coup d'œil

---

[1] Les institutions de la Pensylvanie ont été l'objet d'une précédente leçon; c'est pourquoi on se contente ici de brèves indications.

tous les avantages sont pour le philosophe. Ami d'un homme d'État, mêlé aux affaires, esprit sage et observateur, il en sait bien plus qu'un quaker fanatique; et, sans doute, l'organisation qu'il a conçue est autrement forte et symétrique que celle de Penn; Locke a découvert que la société est un contrat, et que la fin principale de ce contrat est le maintien de la propriété; il établit à l'instant même un gouvernement sur cette base. Penn, au contraire, tout souverain qu'il soit, n'a aucune confiance dans la supériorité de ses lumières. Ce qu'il veut, c'est la liberté et le bonheur de ses sujets, et il croit qu'en ce point nul n'est plus éclairé que la partie intéressée; aussi tout son système politique se résume en ces simples paroles :

« Vous serez, dit-il à son peuple, vous serez gouverné par
« la loi que vous ferez vous-même; — il ne faut pas que
« ma volonté, la volonté d'un homme puisse empêcher le
« bonheur d'un pays. — Dans la charte que je vous donne,
« gardez ce qui est bon, écartez ce qui est mauvais, ajou-
« tez ce qui conviendra au bien général [1]. »

Locke s'effraye d'une démocratie trop nombreuse, et, en théoricien qu'il est, réservant tout le pouvoir à la propriété, à la richesse, il commence par mettre hors la constitution la part la plus considérable de la nation, sans douter de son droit quand il établit un si formidable ilotisme. Penn, dans une ambition plus noble, veut ouvrir sa colonie au monde entier; il n'entend rien aux priviléges, aux exclusions, à cette infériorité systématique d'une partie du peuple. Comme Locke, il a connu les excès de la guerre civile, il a vu la démocratie se perdre par ses propres excès; mais il ne désespère point de la liberté, et par une conséquence naturelle

---

[1] J'emprunte à Bancroft ces paroles de Penn, t. II, chap. XVI, *passim*.

de cette charité chrétienne qui, pour les quakers, comme pour les catholiques, constitue le fond de toute morale, il n'admet point l'inégalité politique, parce qu'une telle inégalité ne peut entrer dans les desseins de la Providence, qui a fait tous les hommes pour être amis, pour être frères.

Et maintenant, entre ces deux hommes, dont l'un assigne à la société pour fin dernière la propriété et donne tout aux propriétaires, et dont l'autre, devançant de si loin son siècle, a vu la fin de la société dans la liberté et le bonheur général, et s'en remet à tous du soin de défendre ce trésor commun, demandez-vous, je ne dis point quel est l'esprit le plus fortement trempé, mais quel est le plus profond politique; leurs œuvres les jugeront. Locke le landgrave (je ne parle point du philosophe) n'a produit qu'une œuvre avortée; au contraire, Penn le quaker a fondé un Etat riche, libre, florissant; un Etat dont le nom, par une juste récompense, immortalisera ce génie bienfaisant, qui eut confiance dans la liberté, et qui comprit l'humanité mieux que de plus grands politiques, peut-être parce qu'il l'aimait davantage.